El misterio de la obra de arte

Tevon Marshall
ilustraciones de F. Soto

Orlando   Boston   Dallas   Chicago   San Diego

Visita *The Learning Site*
www.harcourtschool.com

La señorita Segura tenía muchas ganas de mostrarles a sus alumnos la nueva exposición de escultura. Había salido en todos los periódicos que acababan de descubrir una escultura muy antigua que ahora estaba expuesta en el museo.

La señorita Segura subió las escaleras del museo con toda la clase, y juntos entraron en el museo. María Díaz y su amiga Paula Nóbrega caminaban de prisa, detrás de la maestra.

Dentro del museo, la señorita Segura habló con una de las personas del puesto de información.

—¿Por dónde se va a la exposición de escultura? —preguntó.

El guarda les indicó que por el pasillo hacia la izquierda.

—¡Quiero que mis alumnos vean la escultura nueva cuanto antes! —dijo la señorita Segura con entusiasmo.

El guarda estaba tenso y masculló algo sobre la gente que iba corriendo de un lado a otro del museo. Seguía murmurando mientras la clase se dirigió a la exposición.

La señorita Segura salió disparada por el pasillo. María, Paula y los demás alumnos se apresuraron detrás de ella, intentando no perderla. Emilio, que estaba justo detrás de María, murmuró:

—Nos tendrían que haber dado patines en el puesto de información.

María y Paula se rieron.

La clase entró en la sala de escultura. La señorita Segura les indicó una escultura en el centro de la sala. Todos se juntaron alrededor de la maestra.

—Queridos alumnos —dijo la señorita Segura—, ésta es la escultura que acaban de descubrir. Es una obra de arte. Quiero que la miren con atención.

  La escultura era como un arco con cuatro patas a cada lado y la superficie estaba cubierta de escamas. A María le pareció un insecto de algún lugar lejano de la prehistoria. Parecía que se iba a echar a andar en cualquier momento.
  Todos los ojos estaban clavados en la escultura.
  —Señorita Segura, ¿quién es el escultor? —preguntó María—. ¿Y qué estilo de arte es éste?

—María —dijo la señorita Segura—, si recuerdas lo que dije en clase, no se sabe quién es el escultor. Y nadie ha podido identificar a qué periodo pertenece. Pero fíjate lo moderna que parece.

Recordó a sus alumnos que las esculturas modernas representan ideas complejas con formas simples.

—Queridos alumnos —continuó la señorita Segura—, lo que tenemos aquí es un misterio. Lo único que sabemos es que el estilo es muy moderno. Prueba de que es una estatua moderna son los detalles, que a pesar de ser pocos, son muy importantes. Sin embargo, las escamas del arco claramente no son modernas. En fin, un misterio ni más ni menos.

—Sí que parece muy extraña —le dijo María a Paula—. De hecho, me da escalofríos.

—A mí me gusta la textura que tiene —murmuró Paula.

—¡Por favor! —replicó Emilio—. Y ¿sabes cuál es el colmo de la paciencia?

—No lo sé. Tú me dirás —dijo Paula.

—Quedarse aquí esperando a que salga andando —dijo Emilio.

—¡Qué malo! —replicó Paula.

Mientras Emilio y Paula seguían bromeando, María observó la estatua con atención. Llamó a Paula y en un rincón le comentó:

—Sabes, es muy extraño. Creo que el guarda del puesto de información masculló algo de que la estatua era falsa.

Antes de que Paula tuviera la oportunidad de responder, la señorita Segura hizo que todos los alumnos se juntaran de nuevo.

—Tenemos que irnos, niños —dijo—. Tenemos que volver a la escuela.

Y les mostró la salida a todos.

María se quedó un poco rezagada. Antes de salir de la sala, se dio la vuelta y le echó un último vistazo a la escultura. Luego siguió para alcanzar a los demás.

María volvió a decirles a Emilio y a Paula lo que había dicho el señor.

¡Sí, ya! —dijo Emilio bruscamente—. Como si los del museo no supieran lo que tienen.

—Mira, quizás no me creas, ¡pero a mí no me cabe la menor duda que le oí decir eso! —dijo María.

Más tarde, fuera del museo, María le contó a la señorita Segura lo que había dicho el señor.

—María —dijo la señorita Segura—, me alegro de que tengas tan buen oído. Tendrías que escuchar más en clase.

María no podía entender por qué nadie la creía. Pero ella sabía muy bien lo que había oído. ¡Estaba segurísima!

Cuando llegó a casa de la escuela, decidió llamar al museo. Preguntó por la persona que estaba a cargo del museo. Le dio su nombre al director y le contó lo que había oído. Él le dio las gracias y dijo que lo investigaría, pero María tenía la sospecha de que tampoco la creía.

Cuando María llegó a la escuela la mañana siguiente, se llevó una gran sorpresa. La señorita Segura había traído el periódico a la clase. Y en la portada había un titular en letras grandes que decía: "Detenidos: ladrones de arte".

La señorita Segura le leyó el artículo a la clase. Parece ser que una banda de ladrones había robado la escultura de verdad dos días antes. Los ladrones habían seguido un plan muy claro. Habían reemplazado la escultura con una copia. ¡El guarda del puesto de información estaba involucrado en el robo!

El artículo decía: "María Díaz, una alumna de la clase de cuarto grado de la señorita Segura, alertó al director del museo. Al principio, el director no supo qué pensar. Entonces comprobó los documentos del museo. Averiguó que el guarda no había sido contratado por el museo y llamó a la policía. Cuando la policía habló con el guarda, se vio acorralado. Admitió que era culpable y les contó todo. Y dijo que la banda de ladrones estaba planeando otro robo. Gracias a la ayuda de María, se ha resuelto un crimen y se ha prevenido otro robo".

El artículo continuaba: "Con la ayuda del guarda, la policía no tardó en encontrar a los otros ladrones. Afortunadamente, todavía tenían la escultura auténtica. Los pillaron con las manos en la masa. Si no fuera por María Díaz, los ladrones se hubieran salido con la suya".

Toda la clase empezó a aplaudir. María se puso colorada como un tomate.

La señorita Segura levantó la cabeza.

—¡Bien hecho, María! —exclamó.

Todos los alumnos, hasta Emilio, aplaudieron sin parar. Por una vez, no se le ocurrió gastarle una broma.

—Queridos alumnos —dijo la maestra—, hoy es un día muy especial. Esta tarde volveremos al museo. Hay una escultura que les quiero enseñar.